Impressum
Verlag: BABADADA GmbH, Nedderfeld 112 , 22529 Hamburg
Geschäftsführer / Verlagsleitung: Harald Hof
Druck: Books on Demand GmbH, In de Tarpen 42, 22848 Norderstedt

Imprint
Publisher: BABADADA GmbH, Nedderfeld 112 , 22529 Hamburg, Germany
Managing Director / Publishing direction: Harald Hof
Print: Books on Demand GmbH, In de Tarpen 42, 22848 Norderstedt

مدرسه

colegio

کلاس درس
aula
تقسیم کردن
dividir
186/2
تخته
pizarrón
حیاط مدرسه
patio de escuela
معلم
maestro
کاغذ
papel
نوشتن
escribir
خودکار
birome
میز تحریر
escritorio
خط کش
regla
کتاب
libro
دانش آموز
alumno

کیف مدرسه

mochila

جامدادی

caja de lápices

مداد

lápiz

تراش

sacapuntas

پاک کن

goma (de borrar)

دفتر رسم

bloc de dibujo

طراحی
....
dibujo

قلم مو
....
pincel

جعبه ی آبرنگ
....
caja de pinturas

قیچی
....
tijera

چسب
....
pegamento

کتاب تمرین
....
cuaderno de ejercicios

تکلیف خانه
....
tarea

رقم
....
número

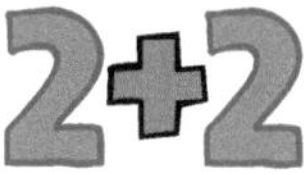

جمع کردن
....
sumar

تفریق کردن
....
restar

ضرب کردن
....
multiplicar

محاسبه کردن
....
calcular

حرف الفبا
....
letra

الفبا
....
abecedario

کلمه
....
palabra

متن

texto

خواندن

leer

گچ

tiza

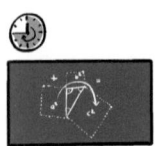

درس

lección

ثبت نام

cuaderno de clase

امتحان

examen

مدرک رسمی

certificado

لباس مدرسه

uniforme escolar

تحصیلات

educación

دانشنامه

enciclopedia

دانشگاه

universidad

میکروسکوپ

microscopio

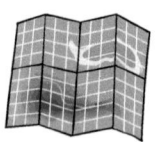

نقشه

mapa

سبد کاغذ باطله

tacho (de basura)

سفر

viaje

هتل
hotel
مسافرخانه
hostel
صرافی
casa de cambio
چمدان
valija
اتومبیل
auto

زبان

idioma

بله / خیر

sí / no

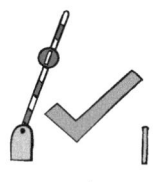

اکی

Está bien

سلام

hola

مترجم

traductor

ممنون

Gracias

قیمت ... چه قدر است؟

¿cuánto cuesta...?

من متوجه نمی شوم

No entiendo

مشکل

problema

عصر بخیر! / شب بخیر!

¡Buenas tardes!

صبح بخیر!

¡Buenos días!

شب بخیر!

¡Buenas noches!

خدانگهدار

adiós

جهت

dirección

بار سفر

equipaje

کیف

bolso

کوله پشتی

mochila

مهمان

invitado

اتاق

habitación

کیسه خواب

bolsa de dormir

خیمه

carpa

مرکز راهنمای گردشگران

información turística

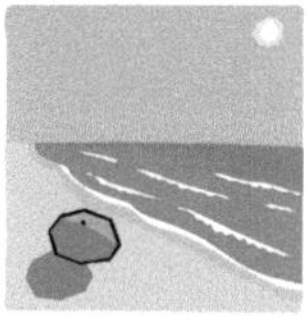

ساحل

playa

کارت اعتباری

tarjeta de crédito

صبحانه

desayuno

نهار

almuerzo

شام

cena

بلیط

pasaje

آسانسور

ascensor

مهر

sello

مرز

frontera

گمرک

aduana

سفارتخانه

embajada

ویزا

visa

گذرنامه

pasaporte

حمل و نقل

transporte

هواپیما
avión
کشتی
barco
ماشین آتش نشانی
autobomba
اتوبوس
colectivo
کامیون
camión
قایق موتوری
lancha a motor
دوچرخه
bicicleta
اتومبیل
auto

کشتی مسافربری

ferry

قایق

bote

موتورسیکلت

moto

ماشین پلیس

patrullero

ماشین مسابقه

auto de carreras

ماشین کرایه ای

auto de alquiler

به اشتراک گذاری اتوموبیل

alquiler de autos

جرثقیل

grúa

ماشین حمل زباله

camión de basura

موتور

motor

بنزین

nafta

پمپ بنزین

estación de servicio

تابلو راهنمایی و رانندگی

señal de tránsito

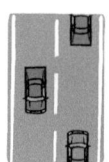

عبور و مرور

tránsito

ترافیک

embotellamiento

پارکینگ

estacionamiento

ایستگاه قطار

estación de tren

ریل راه آهن

vías

قطار

tren

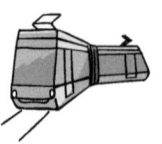

قطار برقی

tranvía

واگن

vagón

هلیکوپتر

helicóptero

فرودگاه

aeropuerto

برج

torre

مسافر

pasajero

کانتینر

contenedor

کارتن

caja de cartón

گاری

carretilla

سبد

canasta

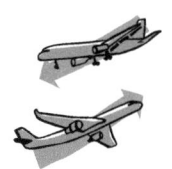

به پرواز درآمدن / فرود آمدن

despegar / aterrizar

شهر

ciudad

دهکده

pueblo

مرکز شهر

centro de ciudad

خانه

casa

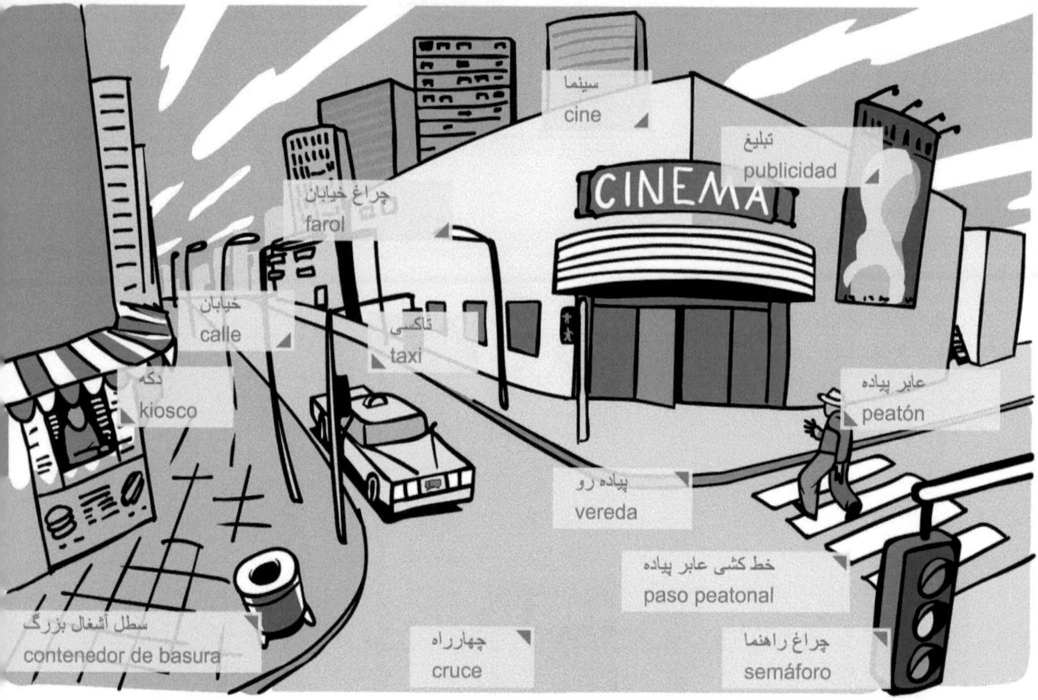

CINEMA
سینما
cine
تبلیغ
publicidad
چراغ خیابان
farol
خیابان
calle
تاکسی
taxi
دکه
kiosco
عابر پیاده
peatón
پیاده رو
vereda
خط کشی عابر پیاده
paso peatonal
سطل آشغال بزرگ
contenedor de basura
چهارراه
cruce
چراغ راهنما
semáforo

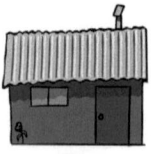

کلبه

cabaña

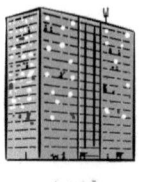

آپارتمان

departamento

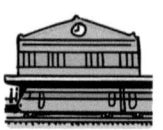

ایستگاه قطار

estación de tren

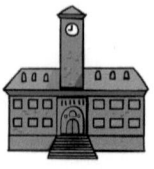

ساختمان شهرداری

municipalidad

MUSEUM

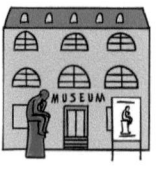

موزه

museo

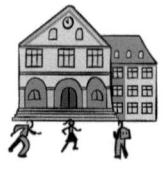

مدرسه

colegio

دانشگاه

universidad

بانک

banco

بیمارستان

hospital

هتل

hotel

داروخانه

farmacia

اداره

oficina

کتابفروشی

librería

مغازه

negocio

گل فروشی

florería

سوپرمارکت

supermercado

بازار

mercado

فروشگاه بزرگ

grandes tiendas

ماهی فروش

pescadería

مرکز خرید

centro comercial

بندر

puerto

پارک
parque

نیمکت
banco

پل
puente

پله
escaleras

مترو
subte

تونل
túnel

ایستگاه اتوبوس
parada del colectivo

میخانه
bar

رستوران
restaurante

صندوق پست
buzón

تابلوی خیابان
letrero

دستگاه پارکومتر
parquímetro

باغ وحش
zoológico

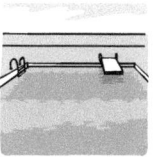
استخر شنای عمومی
pileta

مسجد
mezquita

مزرعه

granja

آلودگی محیط زیست

contaminación

قبرستان

cementerio

کلیسا

iglesia

زمین بازی

juegos infantiles

معبد

templo

چشم انداز

paisaje

برگ
hoja

تابلوی راهنمای مسیر
poste indicador

راه
camino

چمنزار
pradera

سنگ
piedra

درخت
árbol

راه نورد
excursionista

رودخانه
río

چمن
hierba

گل
flor

دره
valle

تپه
montaña

دریاچه
lago

جنگل
bosque

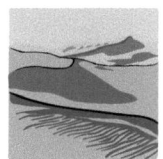

بیابان
desierto

کوه آتشفشان
volcán

قلعه
castillo

رنگین کمان
arco iris

قارچ
champiñón

درخت نخل
palmera

پشه
mosquito

مگس
mosca

مورچه
hormiga

زنبور
abeja

عنکبوت
araña

سوسک

escarabajo

قورباغه

rana

سنجاب

ardilla

جوجه تیغی

erizo

خرگوش صحرایی

liebre

جغد

lechuza

پرنده

pájaro

قو

cisne

گراز

jabalí

گوزن نر

ciervo

گوزن شمالی

alce

سد آب

presa

توربین بادی

aerogenerador

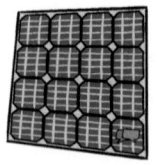

صفحه ی خورشیدی

panel solar

آب و هوا

clima

رستوران

restaurante

mozo
منوی غذا
menú
صندلی
silla
سوپ
sopa
پیتزا
pizza
سرویس کارد و قاشق و چنگال
cubiertos
رومیزی
mantel

پیش‌غذا

entrada

غذای اصلی

plato principal

دسر

postre

نوشیدنی ها

bebidas

غذا

comida

بطری

botella

فست فود

comida rápida

اغذیه خیابانی

comida callejera

قوری

tetera

قندان

azucarera

پُرس غذا

porción

دستگاه اسپرسو

cafetera expreso

صندلی پایه بلند غذاخوری بچه

sillita alta

صورتحساب

cuenta

سینی

bandeja

چاقو

cuchillo

چنگال

tenedor

قاشق

cuchara

قاشق چایخوری

cucharita

دستمال سفره

servilleta

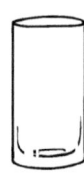

لیوان

vaso

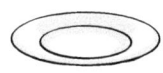

بشقاب

plato

بشقاب سوپخوری

plato hondo

نعلبکی

plato

سس

salsa

نمکدان

salero

فلفل ساب

molinillo de pimienta

سرکه

vinagre

روغن خوراکی

aceite

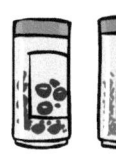

ادویه جات

especias

سس کچاپ

kétchup

سس خردل

mostaza

سس مایونز

mayonesa

سوپرمارکت

supermercado

پیشنهاد ویژه
oferta especial
مشتری
cliente
لبنیات
lácteos
میوه جات
fruta
چرخ دستی خرید
changuito

قصابی

carnicería

نانوایی

panadería

وزن کردن

pesar

سبزیجات

verduras

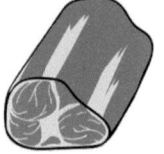

گوشت

carne

غذای منجمد

alimentos congelados

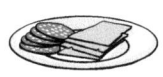

مخلوطی از انواع کالباس یا پنیر که
ورقه ای بریده شده باشند
....
fiambres

غذای کنسروی
....
alimentos enlatados

پودر لباسشویی
....
detergente en polvo

شیرینی جات
....
golosinas

لوازم خانگی
....
electrodomésticos

ماده شوینده و پاک کننده
....
productos de limpieza

فروشنده
....
vendedora

صندوق پرداخت
....
caja

صندوقدار
....
cajero

لیست خرید
....
lista de compras

ساعات کار
....
horario de atención

کیف پول
....
billetera

کارت اعتباری
....
tarjeta de crédito

کیف
....
cartera

کیسه ی پلاستیکی
....
bolsa de plástico

نوشیدنی ها

bebidas

آب

agua

آبمیوه

jugo

شیر

leche

نوشابه کوکاکولا

bebida cola

شراب

vino

آبجو

cerveza

الکل

alcohol

کاکائو

cacao

چای

té

قهوه

café

قهوه اسپرسو

café expreso

کاپوچینو

cappuccino

موز

banana

سیب

manzana

پرتقال

naranja

انواع هندوانه و خربزه

melón

لیمو

limón

هویج

zanahoria

سیر

ajo

نی بامبو

bambú

پیاز

cebolla

قارچ

champiñón

آجیل

nueces

ماکارونی

fideos

اسپاگتی

tallarines

برنج

arroz

سالاد

ensalada

سیب زمینی سرخ کرده

papas fritas

سیب زمینی سرخ شده

papas fritas

پیتزا

pizza

همبرگر

hamburguesa

ساندویچ

sándwich

شنیتسل

churrasco

ژامبون خوک

jamón

سالامی

salame

سوسیس

salchicha

مرغ

pollo

نوعی گوشت سرخ شده

asado

ماهی

pescado

غذا - comida

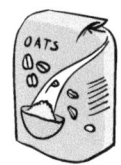

جوی پرک شده

copos de avena

نوعی صبحانه مخلوطی از برگه ذرت و
میوه های خشک شده و خشکبار که
معمولا با شیر خورده می شود

muesli

کورن‌فلکس

copos de maíz

آرد

harina

کرواسان

medialuna

نان بروتشن

pancito

نان

pan

نان تست

tostada

بیسکویت

galletitas

کره

manteca

کشک

cuajada

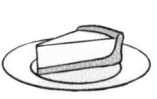

کیک

torta

تخم مرغ

huevo

تخم مرغ نیمرو

huevo frito

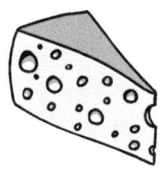

پنیر

queso

بستنی

helado

شکر

azúcar

عسل

miel

مربا

mermelada

کرم شکلاتی بادامی

pasta de chocolate

ادویه کاری

curry

مزرعه

granja

خانه ی مزرعه داران
granja
انبار غله
granero
fardo de paja
مزرعه
campo
اسب
caballo
ماشین یدک کش
remolque
تراکتور
tractor
کره اسب
potrillo
خر
burro
گوسفند
oveja
بره
cordero

بز

cabra

گاو ماده

vaca

گوساله

ternero

خوک

cerdo

بچه خوک

lechón

گاو نر

toro

مزرعه - granja

غاز

ganso

اردک

pato

جوجه

pollo

مرغ

gallina

خروس

gallo

موش صحرایی

rata

گربه

gato

موش

ratón

گاو نر اخته

buey

سگ

perro

لانه ی سگ

cucha

شلنگ باغبانی

manguera

آبپاش

regadera

داس دسته بلند

guadaña

گاوآهن

arado

داس

hoz

کج بیل

azada

چنگک باغبانی

horquilla

تبر

hacha

فرقون

carretilla

آبشخور

abrevadero

بطری نگهداری شیر

lechera

کیسه

bolsa

حصار

reja

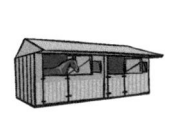

اصطبل

establo

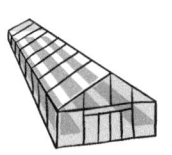

گلخانه

invernadero

خاک

suelo

بذر

semilla

کود

fertilizador

ماشین کمباین

cosechadora

برداشت کردن محصول

cosechar

محصول

cosecha

تمیس

batatas

گندم

trigo

سویا

soja

سیب زمینی

papa

ذرت

maíz

کلزا

semilla de colza

درخت میوه

árbol frutal

گیاه مانیوک

mandioca

غلات

cereales

خانه

casa

دودکش
chimenea
پشت بام
techo
ناودان
caño de desagüe
پنجره
ventana
گاراژ
garaje
زنگ در
timbre
در
puerta
سطل آشغال
tacho de basura
صندوق مراسلات
buzón
باغ
jardín

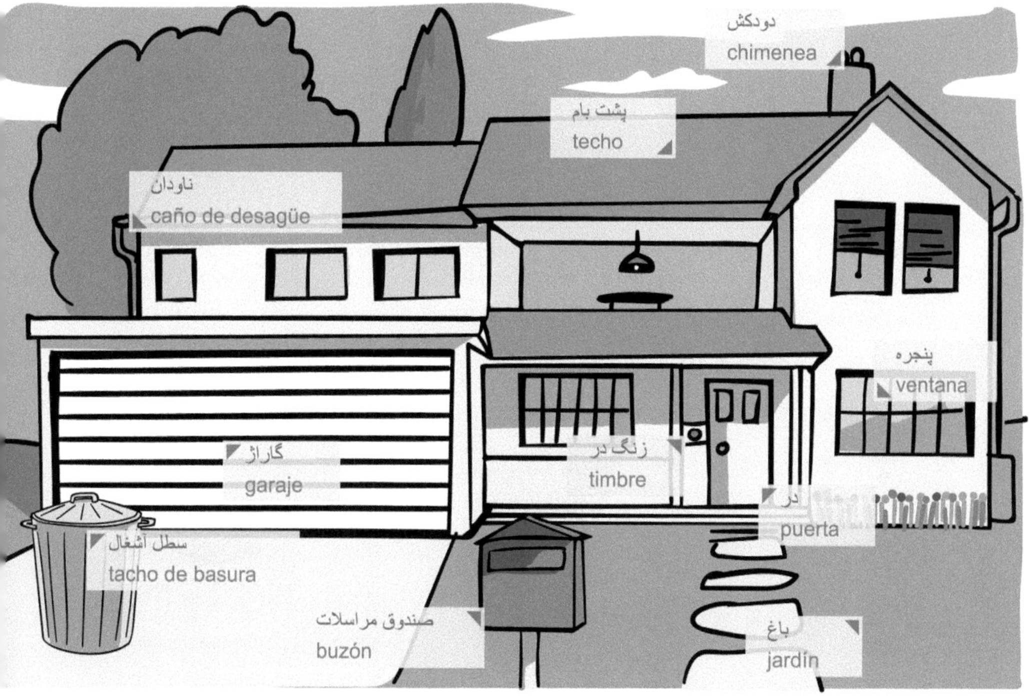

اتاق نشیمن
living

حمام
baño

آشپزخانه
cocina

اتاق خواب
dormitorio

اتاق بچه
cuarto de los chicos

ناهارخوری
comedor

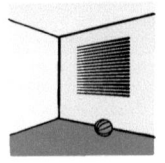

کف زمین

piso

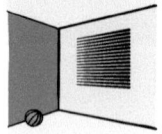

دیوار

pared

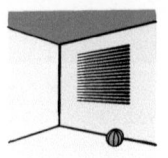

سقف

cielorraso

زیرزمین

sótano

سونا

sauna

بالکن

balcón

تراس

terraza

استخر

pileta

ماشین چمن‌زنی

cortadora de pasto

ملافه

sábana

روتختی

acolchado

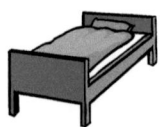

تخت خواب

cama

جارو

escoba

سطل

balde

سویچ یا کلید

interruptor

اتاق نشیمن
living

کاغذ دیواری
empapelado
عکس
imagen
لامپ
lámpara
قفسه
estante
کابینت
armario
تلویزیون
televisión
شومینه
chimenea
گل
flor
کوسن
almohadón
کاناپه
sofá
گلدان
florero
کنترل تلویزیون و ویدئو و غیره
control remoto

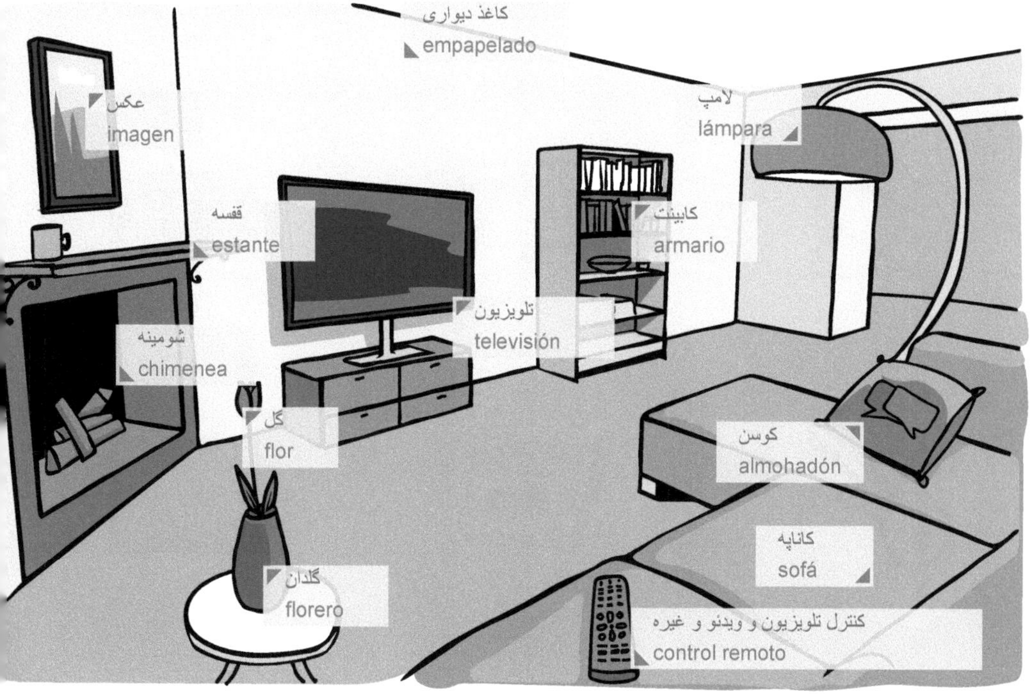

فرش

alfombra

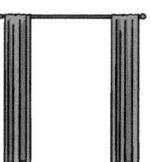

پرده

cortina

میز

mesa

صندلی

silla

صندلی گهواره ایی

mecedora

صندلی راحتی

sillón

كتاب

libro

لحاف

frazada

دكوراسيون

decoración

هيزم

leña

فيلم

película

دستگاه ضبط صوت

equipo de música

كليد

llave

روزنامه

diario

تابلو نقاشى

pintura

پوستر

póster

راديو

radio

دفترچه يادداشت

cuaderno

جاروبرقى

aspiradora

كاكتوس

cactus

شمع

vela

آشپزخانه
cocina

یخچال
heladera
ماکروویو
microondas
balanza de cocina
تُستر
tostadora
ماده شوینده و پاک کننده
detergente
فر خوراک پزی
horno
جایخی
freezer
سطل آشغال
tacho de basura
ماشین ظرفشویی
lavaplatos

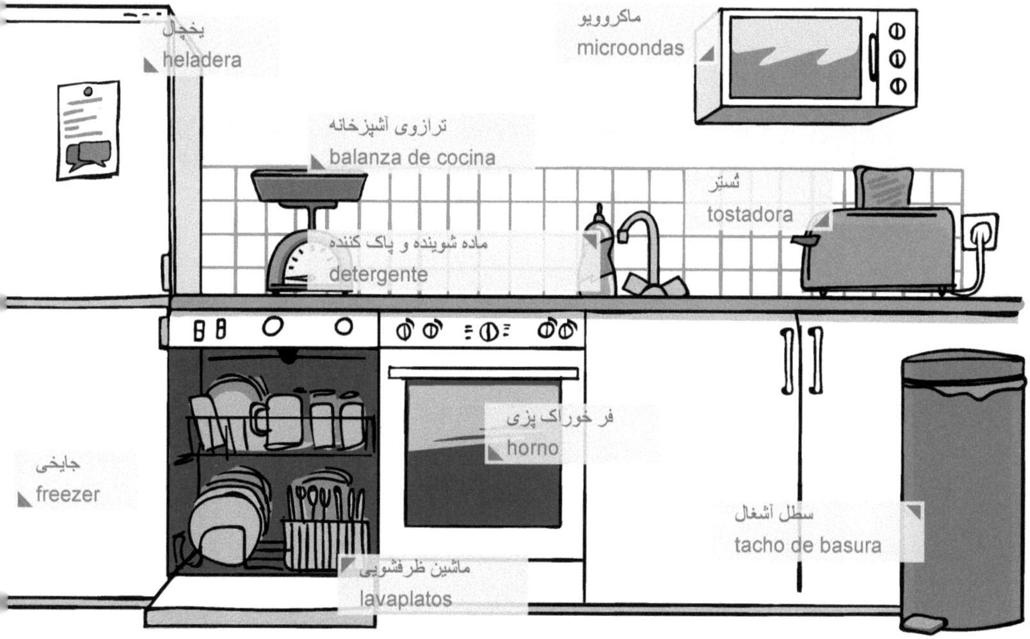

اجاق گاز

cocina

قابلمه

olla

قابلمه چدنی

olla de hierro fundido

ماهی تابه گود

wok

ماهی تابه

sartén

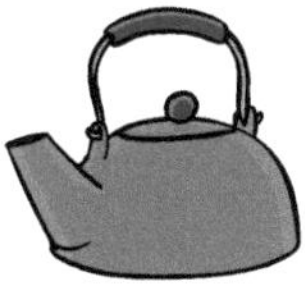

کتری

pava

بخارپز

vaporera

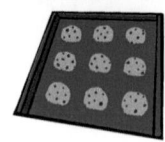

سینی فر

bandeja de horno

ظرف چینی آشپزخانه

vajilla

لیوان

taza

کاسه

bol

چاپستیک

palitos

ملاقه

cucharón

کفگیر

estpátula

همزن

batidora

آبکش

colador

آبکش

colador

رنده

rallador

هاون

mortero

باربیکیو

parrilla

محل مخصوص افروختن آتش

fogata

تخته گوشت و سبزی

tabla de picar

وردنه

palo de amasar

در بطری بازکن

sacacorchos

قوطی

lata

در قوطی بازکن

abrelatas

دستگیره پارچه ای

manopla

سینک ظرفشویی

pileta

برس گردگیری

cepillo

اسفنج

esponja

مخلوط کن

batidora

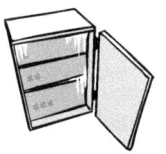

فریزر

congelador

شیشه شیر بچه

mamadera

شیر آب

canilla

حمام
baño

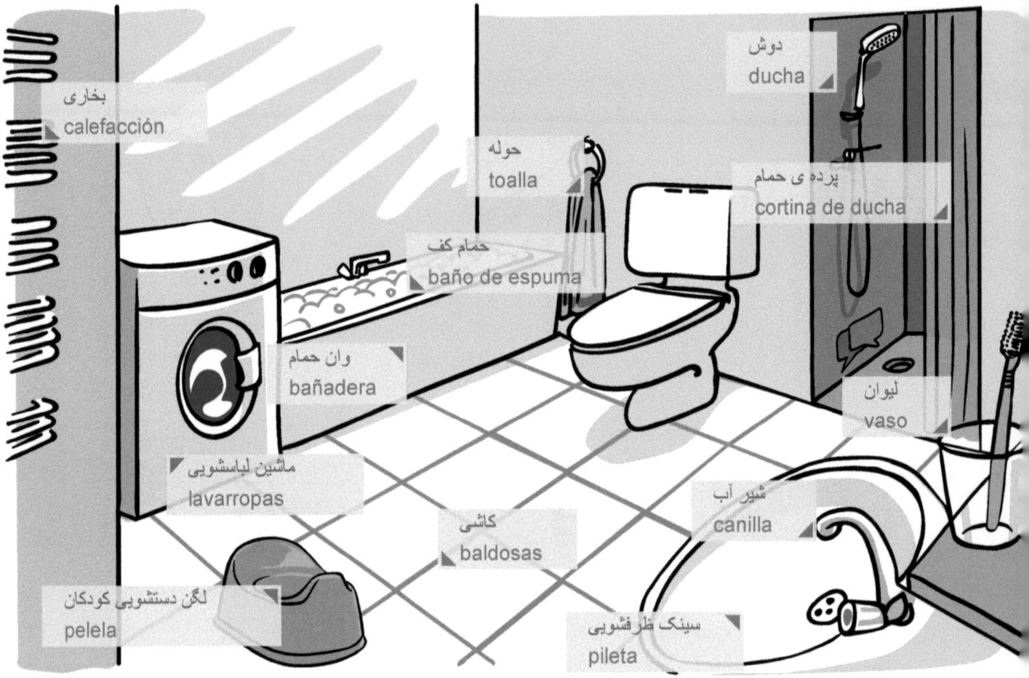

بخاری
calefacción
دوش
ducha
حوله
toalla
پرده ی حمام
cortina de ducha
حمام کف
baño de espuma
وان حمام
bañadera
لیوان
vaso
ماشین لباسشویی
lavarropas
کاشی
baldosas
شیر آب
canilla
لگن دستشویی کودکان
pelela
سینک ظرفشویی
pileta

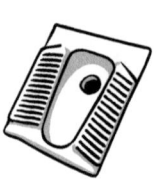

توالت

inodoro

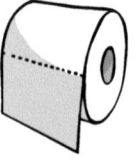

توالت ایرانی

letrina

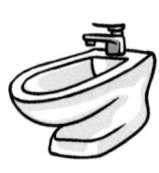

کاسه توالت

bidé

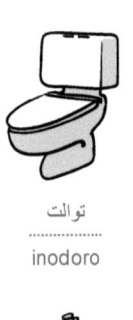

توالت مخصوص آقایان

mingitorio

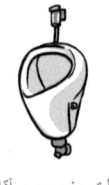

دستمال توالت

papel higiénico

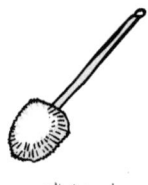

فرچه توالت

cepillo para el inodoro

مسواک

cepillo de dientes

خمیردندان

dentífrico

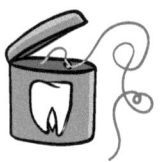

نخ دندان

hilo dental

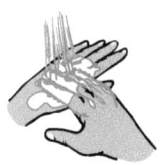

شستن

lavar

دوش آب تلفنی

ducha de mano

شلنگ توالت

ducha higiénica

لگن روشویی

palangana

برس شست و شوی پشت

cepillo para espalda

صابون

jabón

شامپو بدن

gel de ducha

شامپو

shampoo

لیف حمام

toallita

راه آب

desagüe

کرم

crema

اسپری دئودورانت

desodorante

آیینه

espejo

آیینه ی کوچک دستی

espejito

تیغ ریش تراشی

maquinita de afeitar

کف ریش‌تراشی

espuma de afeitar

افترشیو

aftershave

شانه ی سر

peine

برس

cepillo

سشوار

secador de pelo

اسپری مو

spray

آرایش

maquillaje

رژلب

lápiz de labios

لاک ناخن

esmalte para uñas

پنبه

algodón

قیچی ناخن

tijera para uñas

عطر

perfume

كيف لوازم آرايشى و بهداشتى

portacosméticos

چهارپايه

banqueta

ترازو

balanza

حوله ى پالتويى

bata

دستكش ظرفشويى

guantes de goma

تامپون

tampón

نوار بهداشتى

toallita femenina

توالت سيار

baño químico

اتاق بچه
cuarto de los chicos

ساعت زنگدار
despertador
نوعی عروسک نرم به شکل حیوانات
peluche
ماشین اسباب بازی
coche de juguete
جغجغه
sonajero
خانه ی عروسکی
casa de muñecas
کادو
regalo

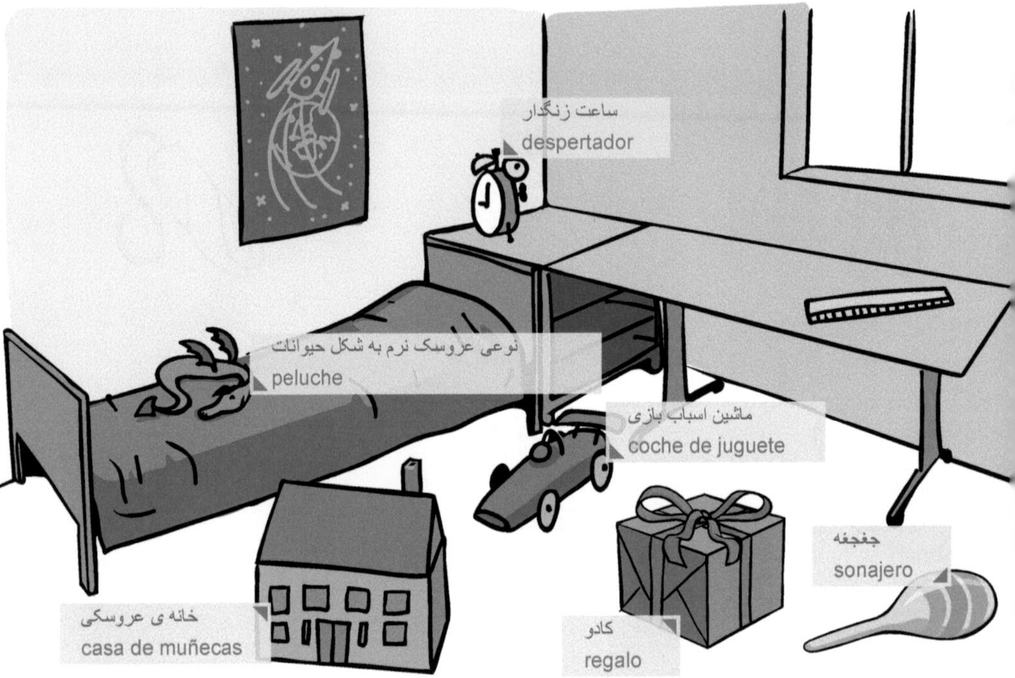

بادکنک
....
globo

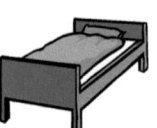

تخت خواب
....
cama

کالسکه بچه
....
cochecito

بازی ورق
....
cartas

پازل
....
rompecabezas

داستان مصور
....
historieta

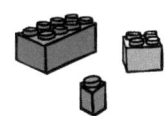

اسباب بازی لگو

piezas de lego

خانه سازی

ladrillos de juguete

عروسک شخصیت های فیلم و کارتون

figura de acción

لباس نوزاد

enterito (de bebé)

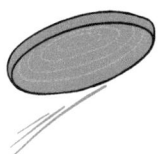

فریزبی

frisbee

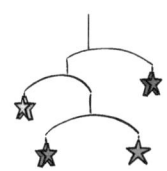

نوعی اسباب بازی که روی تخت نوزاد
یا کودک نصب می شود

móvil para bebés

بازی روی صفحه

juego de mesa

تاس

dados

قطار اسباب بازی

tren eléctrico

پستانک

chupete

مهمانی

fiesta

کتاب مصور

libro de cuentos ilustrado

توپ

pelota

عروسک

muñeca

بازی کردن

jugar

جعبه شنی مخصوص بازی کودکان

arenero

تاب

hamaca

اسباب بازی

juguetes

کنسول بازی های کامپیوتری

consola de videojuegos

سه چرخه

triciclo

خرس عروسکی

osito de peluche

کمد لباس

armario

لباس

ropa

جوراب

medias

جوراب زنانه ساق بلند

medias panty

جوراب شلواری

calzas

شال
bufanda

چتر
paraguas

تی شرت
remera

کمربند
cinturón

کفش ورزشی کتانی
zapatillas

پوتین
botas

دمپایی
pantuflas

صندل
....
sandalias

کفش
....
zapatos

چکمه پلاستیکی
....
botas de goma

شرت
....
ropa interior

سوتین
....
corpiño

جلیقه
....
chaleco

بادی

body

شلوار

pantalones

جین

jeans

دامن

pollera

بلوز

blusa

پیراهن

camisa

پولیور

pulóver

سویی شرت

buzo

نوعی کت

blazer

ژاکت

campera

کت بلند

tapado

بارانی

piloto

لباس نمایش

traje

لباس

vestido

لباس عروس

vestido de novia

كت و شلوار

traje

لباس خواب زنانه

camisón

پیژامه

pijama

ساری

sari

روسری

pañuelo para cabeza

عمامه

turbante

برقع

burka

قبا

caftán

عبا

abaya

لباس شنا

traje de baño

شرت شنا

short de baño

شلوارک

shorts

لباس ورزشی

jogging

پیشبند

delantal

دستکش

guantes

دکمه

botón

عینک

anteojos

دستبند

pulsera

گردنبند

collar

انگشتر

anillo

گوشواره

aro

کلاه لبه دار

gorra

چوب لباسی

percha

کلاه

sombrero

کراوات

corbata

زیپ

cierre

کلاه ایمنی

casco

بند شلوار

tiradores

لباس مدرسه

uniforme escolar

لباس فرم

uniforme

پیش بند بچه

babero

پستانک

chupete

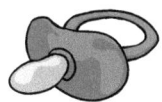

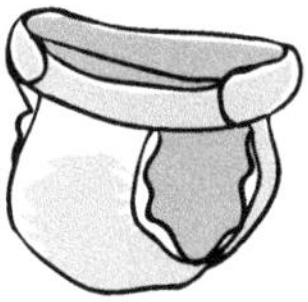

پوشک بچه

pañal

اداره

oficina

سرور
servidor
کمد نگهداری پرونده
archivero
چاپگر
impresora
کاغذ
papel
مانیتور
monitor
ماوس
mouse
میز تحریر
escritorio
زونکن
carpeta
صفحه کلید
teclado
سبد کاغذ باطله
tacho (de basura)
کامپیوتر
computadora
صندلی
silla

لیوان قهوه

taza de café

ماشین حساب

calculadora

اینترنت

internet

لپ تاپ

laptop

نامه

carta

پیغام

mensaje

تلفن همراه

celular

شبکه ی ارتباطی

red

دستگاه فتوکپی

fotocopiadora

نرم افزار

software

تلفن

teléfono

پریز

tomacorriente

دستگاه فاکس

fax

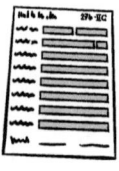

فرم

formulario

مدرک

documento

خریدن

comprar

پرداخت کردن

pagar

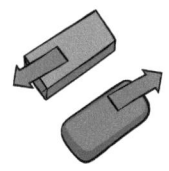

تجارت کردن

hacer negocios

پول

dinero

دلار

dólar

یورو

euro

ین

yen

روبل

rublo

فرانک سوئیس

franco suizo

یوان رنمینبی

yuan

روپیه

rupia

دستگاه خودپرداز

cajero automático

صرافی

casa de cambio

طلا

oro

نقره

plata

نفت

petróleo

انرژی

energía

قیمت

precio

قرارداد

contrato

مالیات

impuesto

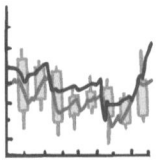

سهام سرمایه

acción

کار کردن

trabajar

کارمند

empleado

کارفرما

empleador

کارخانه

fábrica

مغازه

negocio

آتش نشان
bombero

مامور پلیس
policía

آشپز
cocinero

دکتر
médico

خلبان
piloto

باغبان

jardinero

نجار

carpintero

خیاط زنانه

modista

قاضی

juez

شیمیدان

farmacéutico

بازیگر

actor

راننده اتوبوس

colectivero

راننده تاکسی

taxista

ماهیگیر

pescador

نظافتچی زن

mucama

سقف ساز

techista

پیشخدمت رستوران

mozo

شکارچی

cazador

نقاش

pintor

نانوا

panadero

برقکار

electricista

کارگر ساختمانی

albañil

مهندس

ingeniero

قصاب

carnicero

لوله کش

plomero

پستچی

cartero

سرباز

soldado

معمار

arquitecto

صندوقدار

cajero

گل فروش

florista

آرایشگر

peluquero

مامور کنترل بلیط در قطار

cobrador

مکانیک

mecánico

ناخدا

capitán

دندانپزشک

dentista

دانشمند

científico

عالم يهودى

rabino

امام

imán

راهب

monje

کشیش

sacerdote

ابزارآلات

herramientas

چکش
martillo
انبردست
tenaza
پیچ گوشتی
destornillador
آچار
llave
چراغ قوه
linterna

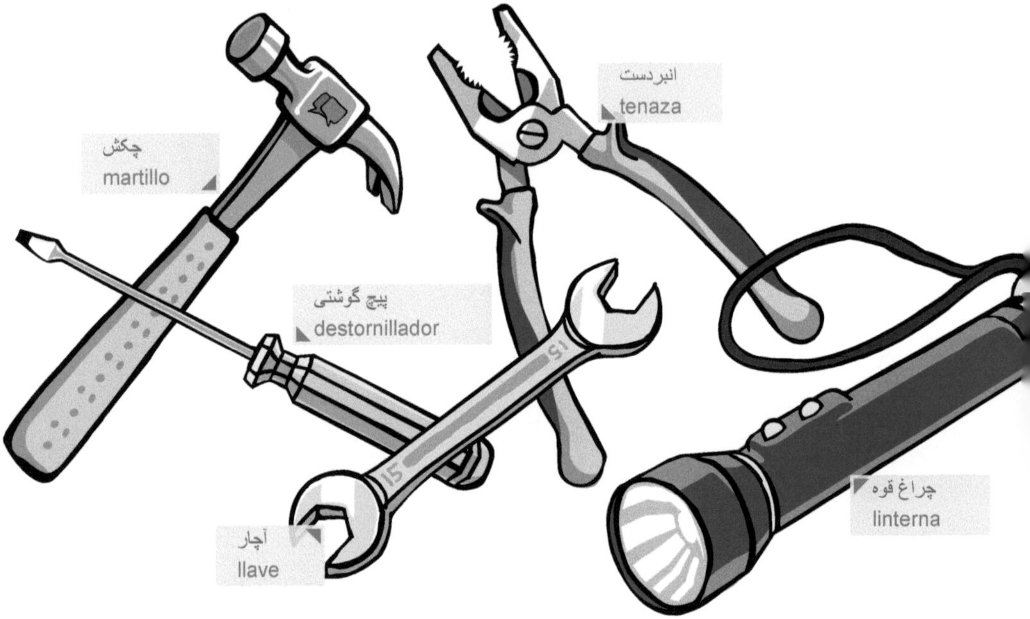

بیل مکانیکی
....
excavadora

جعبه ابزار
....
caja de herramientas

نردبان
....
escalera portátil

ارّه
....
sierra

میخ
....
clavos

مته
....
taladro

تعمیر کردن

arreglar

بیل

pala de jardín

لعنتی!

¡Qué bronca!

خاک انداز

pala de plástico

سطل رنگرزی

tacho de pintura

پیچ

tornillos

آلات موسیقی

instrumentos musicales

درامز

batería

بلندگو

parlante

گیتار

guitarra

کنترباس

contrabajo

ترومپیت

trompeta

پیانو

piano

ویولن

violín

گیتار بیس

bajo

تیمپانی

timbales

طبل

tambor

کیبورد الکتریک

teclado

ساکسیفون

saxofón

فلوت

flauta

میکروفون

micrófono

باغ وحش
zoológico

ورودی
entrada
ببر
tigre
قفس
jaula
گورخر
cebra
خوراک حیوانات
alimento para animales
خرس پاندا
oso panda

حیوانات

animales

فیل

elefante

کانگورو

canguro

کرگدن

rinoceronte

گوریل

gorila

خرس

oso

شتر

camello

شترمرغ

avestruz

شیر

león

میمون

mono

فلامینگو

flamenco

طوطی

loro

خرس قطبی

oso polar

پنگوئن

pingüino

کوسه

tiburón

طاووس

pavo real

مار

serpiente

تمساح

cocodrilo

نگهبان باغ وحش

cuidador del zoológico

خوک آبی

foca

پلنگ امریکایی

jaguar

اسب کوچک

poni

پلنگ

leopardo

اسب آبی

hipopótamo

زرافه

jirafa

عقاب

águila

گراز

jabalí

ماهی

pescado

لاک پشت

tortuga

شیرماهی

morsa

روباه

zorro

غزال

gacela

ورزش ها

deportes

فوتبال آمریکایی
fútbol americano
دوچرخه سواری
ciclismo
تنیس
tenis
بسکتبال
básquet
شنا
natación
هاکی روی یخ
hockey sobre hielo
بوکس
boxeo

فوتبال

fútbol

بدمینتون

bádminton

دوومیدانی

atletismo

هندبال

handball

اسکی

esquí

پولو

polo

فعالیت ها
actividades

پریدن
saltar
بغل کردن
abrazar
خندیدن
reír
راه رفتن
caminar
آواز خواندن
cantar
رؤیا دیدن
soñar
دعا کردن
rezar
بوسیدن
besar

نوشتن
escribir

رسم کردن
dibujar

نشان دادن
mostrar

هل دادن
presionar

دادن
dar

برداشتن
tomar

داشتن
....
tener

انجام دادن
....
hacer

بودن
....
ser

ایستادن
....
estar parado

دویدن
....
correr

کشیدن
....
tirar

پرتاب کردن
....
tirar

افتادن
....
caer

دراز کشیدن
....
estar acostado

منتظر بودن
....
esperar

حمل کردن
....
llevar

نشستن
....
estar sentado

لباس پوشیدن
....
vestirse

خوابیدن
....
dormir

بیدار شدن
....
despertar

تماشا کردن

mirar

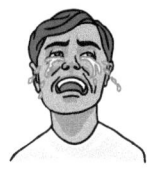

گریه کردن

llorar

نوازش کردن

acariciar

شانه کردن

peinar

حرف زدن

hablar

فهمیدن

entender

پرسیدن

preguntar

شنیدن

escuchar

آشامیدن

beber

خوردن

comer

مرتب کردن

ordenar

عاشق بودن

amar

پختن

cocinar

رانندگی کردن

manejar

پرواز کردن

volar

قایقرانی کردن

navegar

محاسبه کردن

calcular

خواندن

leer

یاد گرفتن

aprender

کار کردن

trabajar

ازدواج کردن

casarse

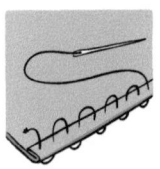

دوختن

coser

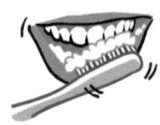

مسواک زدن

cepillarse los dientes

کشتن

matar

سیگار کشیدن

fumar

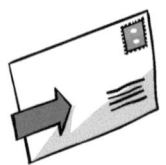

فرستادن

enviar

مادربزرگ
abuela

پدربزرگ
abuelo

پدر
padre

مادر
madre

کودک
bebé

فرزند دختر
hija

فرزند پسر
hijo

مهمان
invitado

خاله، عمه
tía

دایی، عمو
tío

برادر
hermano

خواهر
hermana

بدن
cuerpo

پیشانی
frente
چشم
ojo
شانه
hombro
انگشت دست
dedo
صورت
cara
چانه
pera
دست
mano
ساق پا
pierna
سینه
pecho
بازو
brazo

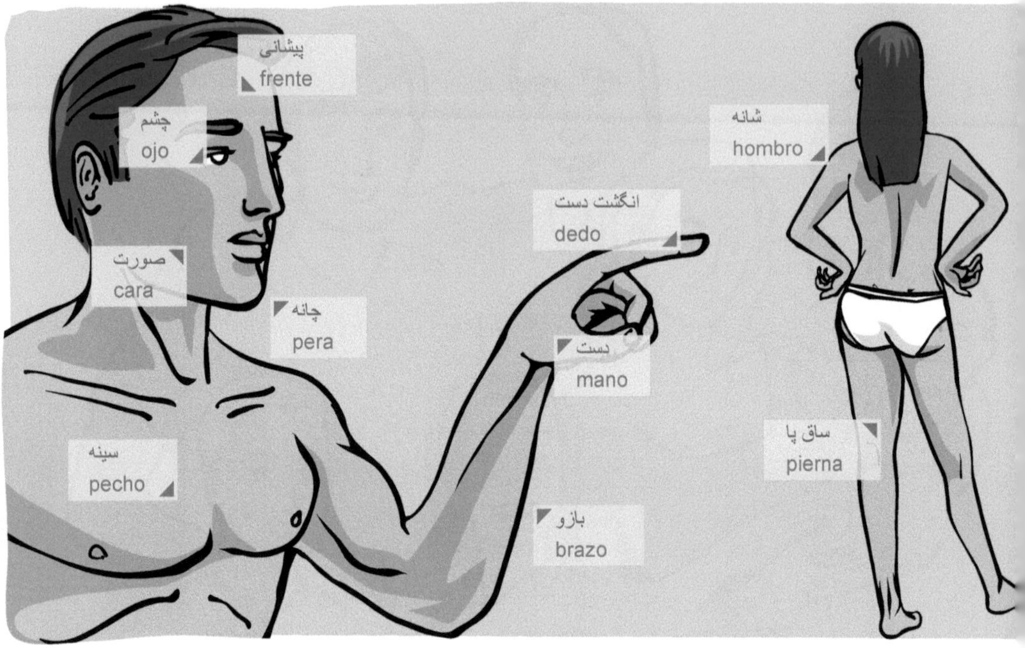

کودک
bebé

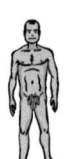

مرد
hombre

زن
mujer

دختربچه
nena

پسربچه
nene

کله
cabeza

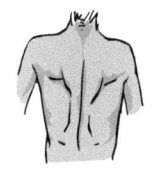

كمر

espalda

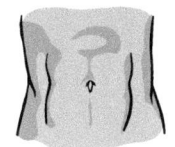

شکم

panza

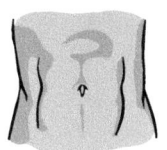

ناف

ombligo

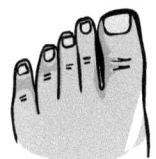

انگشت پا

dedo del pie

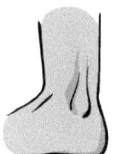

پاشنه

talón

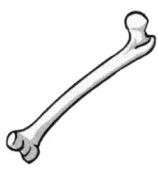

استخوان

hueso

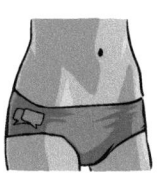

لگن

cadera

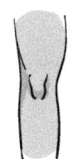

زانو

rodilla

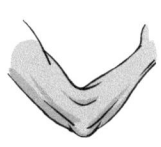

آرنج

codo

بینی

nariz

نشیمنگاه

cola

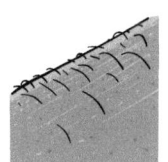

پوست

piel

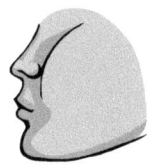

گونه

cachete

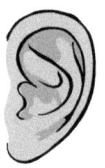

گوش

oreja

لب

labio

دهان

boca

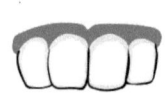

دندان

diente

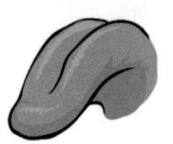

زبان

lengua

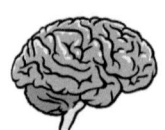

مغز

cerebro

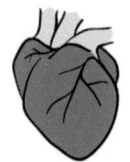

قلب

corazón

عضله

músculo

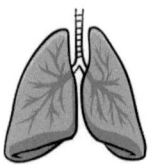

ریه

pulmón

کبد

hígado

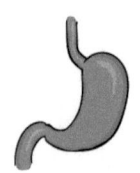

معده

estómago

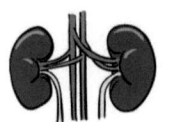

کلیه

riñones

آمیزش جنسی

sexo

کاندوم

preservativo

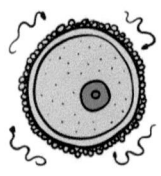

تخمک

óvulo

اسپرم

semen

حاملگی

embarazo

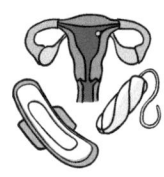

پريود

menstruación

واژن

vagina

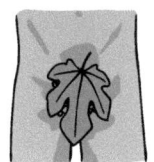

آلت تناسلی مرد

pene

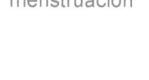

ابرو

ceja

مو

pelo

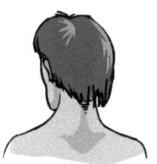

گردن

cuello

بیمارستان
hospital

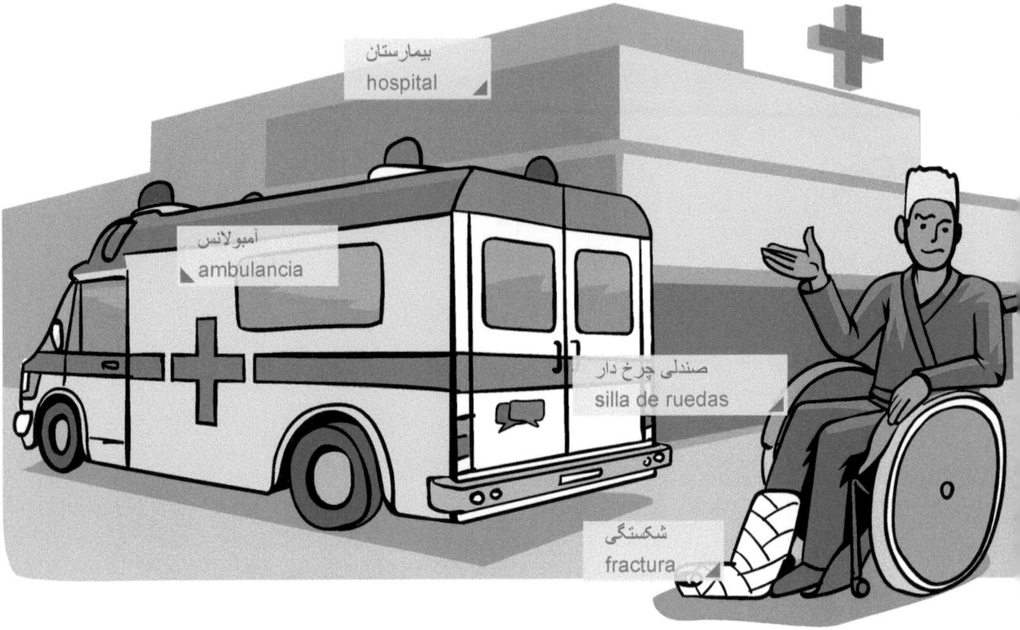

بیمارستان
hospital
آمبولانس
ambulancia
صندلی چرخ دار
silla de ruedas
شکستگی
fractura

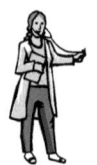

دکتر
médico

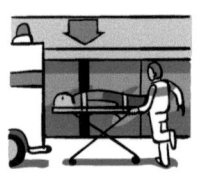

بخش اورژانس
sala de guardia

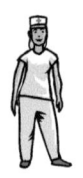

پرستار
enfermera

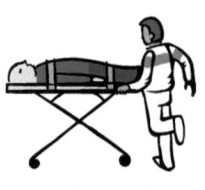

موقعیت اضطراری
emergencia

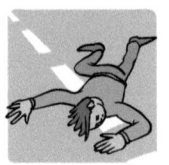

بی هوش
inconsciente

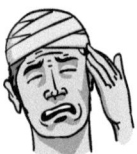

درد
dolor

مصدومیت

lesión

خونریزی

hemorragia

سکته قلبی

infarto

سکته مغزی

ACV

آلرژی

alergia

سرفه

tos

تب

fiebre

آنفولانزا

gripe

اسهال

diarrea

سردرد

dolor de cabeza

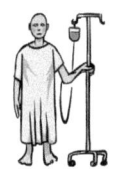

سرطان

cáncer

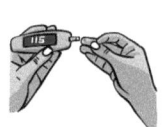

دیابت

diabetes

جراح

cirujano

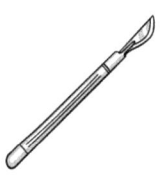

چاقوی جراحی

bisturí

عمل جراحی

operación

سی تی اسکن

TC

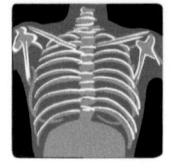

پرتونگاری

rayos x

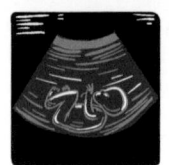

سونوگرافی

ecografía

ماسک صورت

barbijo

بیماری

enfermedad

اتاق انتظار

sala de espera

چوب زیر بغل

muleta

چسب زخم

curita

پانسمان

venda

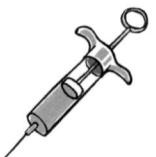

تزریق

inyección

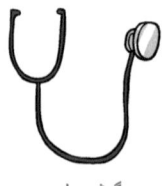

گوشی طبی

estetoscopio

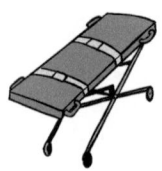

برانکار

camilla

دماسنج

termómetro

زایش

nacimiento

اضافه وزن

sobrepeso

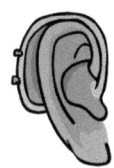

سمعک

....

audífono

ماده ضد غفونی کننده

....

desinfectante

عفونت

....

infección

ویروس

....

virus

اچ آی وی / ایدز

....

VIH / SIDA

دارو

....

remedio

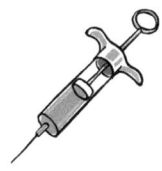

واکسیناسیون

....

vacunación

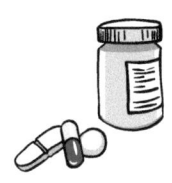

قرص

....

comprimidos

قرص ضد حاملگی

....

pastilla anticonceptiva

تماس اظطراری

....

llamada de emergencia

دستگاه اندازه گیری فشارخون

....

tensiómetro

مریض / سالم

....

enfermo / sano

emergencia

کمک!

¡Ayuda!

آژیر خطر

alarma

حمله

agresión

حمله ی فیزیکی

ataque

خطر

peligro

خروج اظطراری

salida de emergencia

آتش

¡Fuego!

کپسول آتش‌نشانی

matafuego

تصادف

accidente

جعبه کمک های اولیه

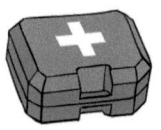

botiquín de primeros auxilios

درخواست کمک

SOS

پلیس

policía

کره زمین
Tierra

اروپا

....

Europa

آمریکای شمالی

....

América del Norte

آمریکای جنوبی

....

América del Sur

آفریقا

....

África

آسیا

....

Asia

استرالیا

....

Australia

اقیا نوس اطلس

....

Atlántico

اقیانوس آرام

....

Pacífico

اقیانوس هند

....

Océano Índico

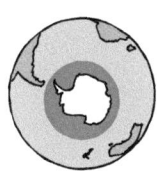

اقیا نوس اطلس جنوبی

....

Océano Antártico

اقیانوس منجمد شمالی

....

Océano Ártico

قطب شمال

....

polo norte

قطب جنوب

polo sur

قاره قطب جنوب

Antártida

کره زمین

Tierra

سرزمین

tierra

دریا

mar

جزیره

isla

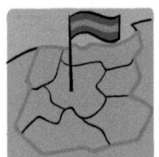

ملت

nación

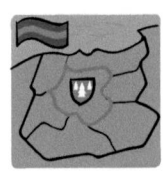

کشور

estado

ساعت
reloj

صفحه ی ساعت

....

esfera

ساعت شمار

....

manecilla de las horas

دقیقه شمار

....

minutero

ثانیه شمار

....

segundero

ساعت چند است؟

....

¿Qué hora es?

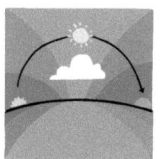

روز

....

día

زمان

....

hora

اکنون

....

ahora

ساعت دیجیتال

....

reloj digital

دقیقه

....

minuto

ساعت

....

hora

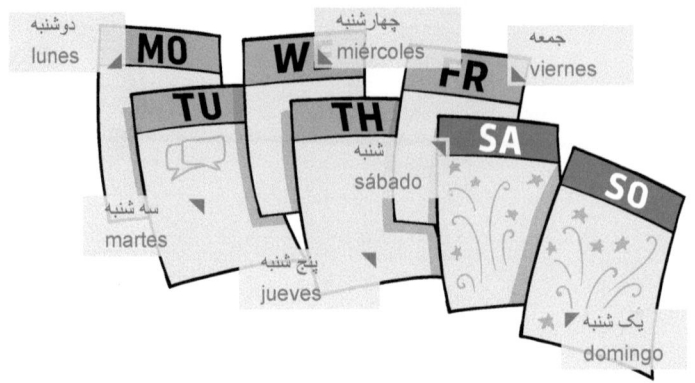

هفته

semana

دوشنبه
lunes
MO
سه شنبه
martes
TU
چهارشنبه
miércoles
W
پنج شنبه
jueves
TH
جمعه
viernes
FR
شنبه
sábado
SA
یک شنبه
domingo
SO

1

دیروز

ayer

2

امروز

hoy

3

فردا

mañana

صبح

mañana

ظهر

mediodía

غروب

tarde

MO TU WE TH FR SA SU
1 2 3 4 5 6 7
8 9 10 11 12 13 14
15 16 17 18 19 20 21
22 23 24 25 26 27 28
29 30 31 1 2 3 4

روزهای کاری

días hábiles

MO TU WE TH FR SA SU
1 2 3 4 5 6 7
8 9 10 11 12 13 14
15 16 17 18 19 20 21
22 23 24 25 26 27 28
29 30 31 1 2 3 4

آخر هفته

fin de semana

سال

año

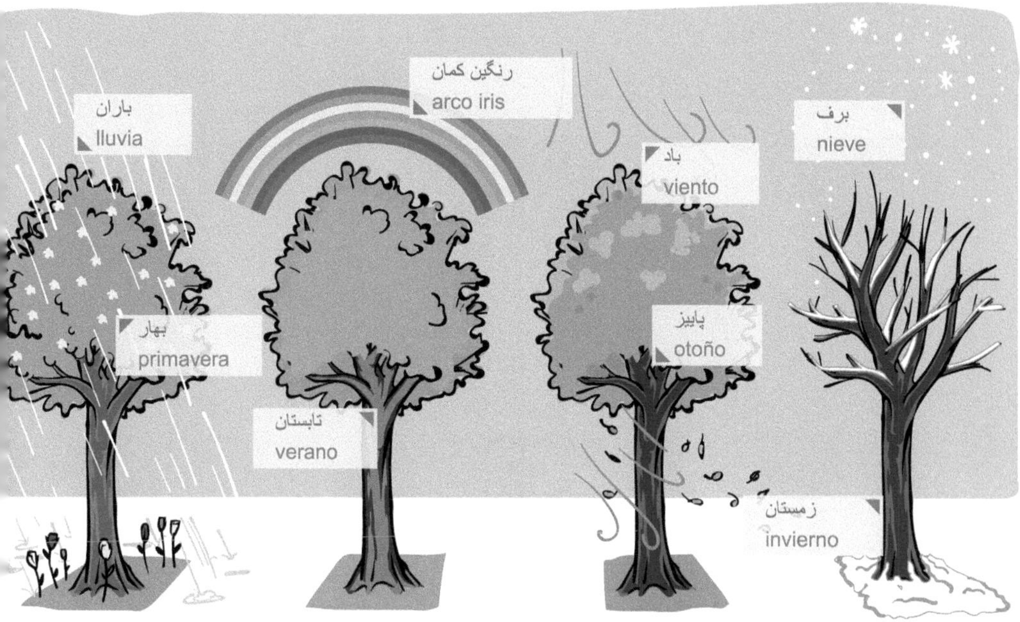

باران
lluvia
رنگین کمان
arco iris
باد
viento
برف
nieve
بهار
primavera
تابستان
verano
پاییز
otoño
زمستان
invierno

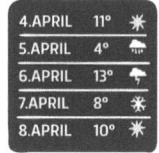

4.APRIL 11°
5.APRIL 4°
6.APRIL 13°
7.APRIL 8°
8.APRIL 10°

پیش‌بینی اوضاع جوی

pronóstico meteorológico

F
C
120
90
60
30
0
-30
40
30
20
10
0
-10
-20

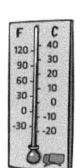

دماسنج

termómetro

تابش آفتاب

luz del sol

ابر

nube

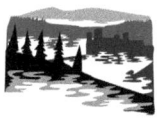

مه

niebla

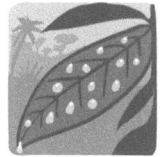

رطوبت هوا

humedad

صاعقه

rayo

آسمان غره

trueno

طوفان

tormenta

تگرگ

granizo

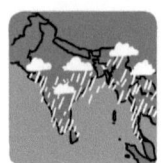

باد موسمی

monzón

سیل

inundación

یخ

hielo

ژانویه

enero

فوریه

febrero

مارس

marzo

آوریل

abril

مه

mayo

ژوئن

junio

ژوئیه

julio

آگوست

agosto

سپتامبر
....
septiembre

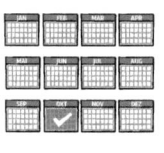

أکتبر
....
octubre

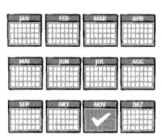

نوامبر
....
noviembre

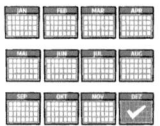

دسامبر
....
diciembre

آشکال

formas

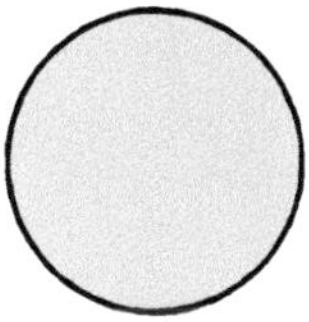

دایره
....
círculo

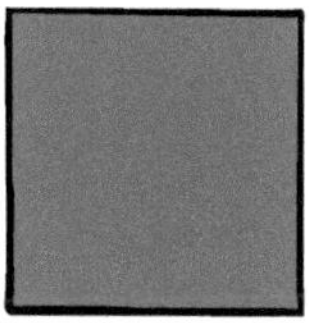

مربع
....
cuadrado

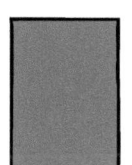

مستطیل
....
rectángulo

سه گوش
....
triángulo

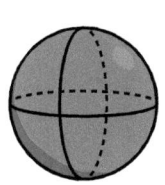

گره
....
esfera

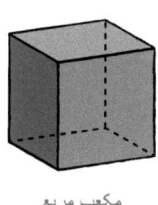

مکعب مربع
....
cubo

رنگ ها

colores

سفید

blanco

زرد

amarillo

نارنجی

naranja

صورتی

rosa

قرمز

rojo

بنفش

violeta

آبی

azul

سبز

verde

قهوه ای

marrón

خاکستری

gris

سیاه

negro

متضاد ها

opuestos

خیلی / کم

....

mucho / poco

خشمگین/ آرام

....

enojado / tranquilo

زیبا / زشت

....

lindo / feo

شروع / پایان

....

principio / fin

بزرگ / کوچک

....

grande / chico

روشن / تیره

....

claro / oscuro

برادر / خواهر

....

hermano / hermana

تمیز / آلوده

....

limpio / sucio

کامل / ناقص

....

completo / incompleto

روز / شب

....

día / noche

مرده / زنده

....

muerto / vivo

پهن / باریک

....

ancho / angosto

قابل خوردن / غیر قابل خوردن

comestible / no comestible

غضبناک / مهربان

malo / amable

هیجان زده / بی حوصله

entusiasmado / aburrido

چاق / لاغر

gordo / flaco

اولین / آخرین

primero / último

دوست / دشمن

amigo / enemigo

پر / خالی

lleno / vacío

سفت / نرم

duro / blando

سنگین / سبک

pesado / liviano

گرسنگی / تشنگی

hambre / sed

مریض / سالم

enfermo / sano

غیرقانونی / قانونی

ilegal / legal

باهوش / خنگ

inteligente / estúpido

چپ / راست

izquierda / derecha

نزدیک / دور

cerca / lejos

نو / استفاده شده

....

nuevo / usado

هیچ چیز / چیزی

....

nada / algo

پیر / جوان

....

viejo / joven

روشن / خاموش

....

encendido / apagado

باز / بسته

....

abierto / cerrado

آهسته / بلند

....

silencioso / ruidoso

ثروتمند / فقیر

....

rico / pobre

درست / غلط

....

correcto / incorrecto

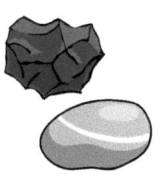

زبر / صاف

....

áspero / suave

غمگین / خوشحال

....

triste / contento

کوتاه / بلند

....

corto / largo

کند / تند

....

lento / rápido

تر / خشک

....

mojado / seco

گرم / خنک

....

caliente / frío

جنگ / صلح

....

guerra / paz

اعداد
números

0	1	2
صفر	یک	دو
cero	uno	dos
3	4	5
سه	چهار	پنج
tres	cuatro	cinco
6	7	8
شش	هفت	هشت
seis	siete	ocho
9	10	11
نه	دَه	یازده
nueve	diez	once

12

دوازده

doce

13

سیزده

trece

14

چهارده

catorce

15

پانزده

quince

16

شانزده

dieciséis

17

هفده

diecisiete

18

هجده

dieciocho

19

نوزده

diecinueve

20

بیست

veinte

100

صد

cien

1.000

هزار

mil

1.000.000

میلیون

millón

idiomas

انگلیسی

inglés

انگلیسی آمریکایی

inglés americano

چینی ماندارین

chino mandarín

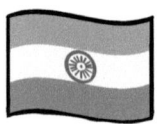

هندی

hindi

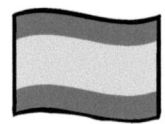

اسپانیایی

español

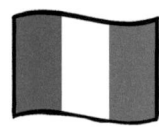

فرانسوی

francés

عربی

árabe

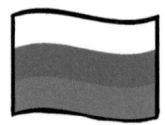

روسی

ruso

پرتغالی

portugués

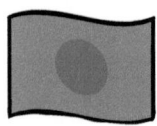

بنگالی

bengalí

آلمانی

alemán

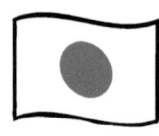

ژاپنی

japonés

چه کسی / چه چیزی / چگونه

quién / qué / cómo

من

yo

تو

vos

او

él / ella

ما

nosotros

شما

ustedes

آنها

ellos

چه کسی؟ کی؟

¿quién?

چی؟

¿qué?

چگونه؟

¿cómo?

کجا؟

¿dónde?

کی؟

¿cuándo?

نام

nombre

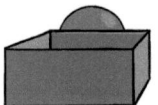

کجا

dónde

پشت

detrás

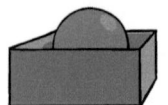

توی

en

جلو

adelante de

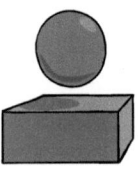

بالای

por encima de

روی

sobre

زیر

debajo de

مجاور

al lado de

بین

entre

مکان

lugar